# Dedication

This book is dedicated to my family.
IGBO AMAKA

Leé Osịsị Oroma. Ka m rigo

Ka Ọ̀ na erigo, kedụ ihe Ọ hụrụ?
Leé ọ bụ
**arụrụ**

Ka Ọ na erigo, kedụ ihe Ọ hụrụ?
Leé ọ bụ
**Ọsa**

Ka  Ọ na erigo, Kedụ ihe Ọ hụrụ?
Leé ọ bụ
**ụbụba**

Ka Ọ na erigo, Kedụ ihe Ọ hụrụ?
Leé ọ bụ
**ngwere**

Ka Ọ na erigo, Kedụ ihe Ọ hụrụ?
Leé ọ bụ
nnụnụ

Ka Ọ na erigo, kedụ ihe Ọ hụrụ?
Leé  ọ bụ
**oroma**

Ọ ghotara oroma ridata na ụkwụ osịsị

ka anyi keé oroma.

18

# Glossary

Anyi- us

Aruru- ant

Bu- is

Erigo- climbs

Ghotara- plucked

Huru -see

Ihe- this

Ka – as

Ka- let

Kedu- what

Leé- look

m- me

Ngwere- Lizard

Nnunu- bird

Ọ – she, he, it (o sound in off)

Oroma- Orange (fruit)

Ọsa- squirrel

Osisi- tree

Ridata- climb down

Rigo- climb

Ụbụba- butterfly

ukwu osisi- tree

# Rigo Osisi Oroma

My name is Mrs Ijeoma Nwosu (nee Unam). My husband and I are blessed with four wonderful children.

This is my first book and I hope it is easy enough to read and helpful to those who would like to learn simple phrases especially if you don't speak fluent Igbo.

Igbo is a fascinating language spoken in several dialects. It is mainly spoken by people who originate from the South East of Nigeria in West Africa.

This book is for the large population of Igbos in Nigeria and the Diaspora, and people from other cultures and backgrounds who would love to read simple stories to their children in the vernacular.

It is my desire that future generations carry on speaking our beautiful Igbo language.

**Author website: igbobooksforkids.com**

IGBO AMAKA